MANDALAS

para relajarse

LIBSA

AF278217

 Cada vez que respiras,
cada vez que cierras los ojos,
tienes la oportunidad
de empezar de nuevo.

Libérate de todo
lo que no puedes
controlar. La simplicidad
de las pequeñas cosas
te traerá la paz.

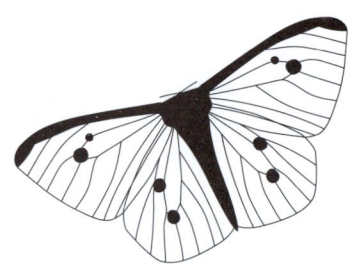

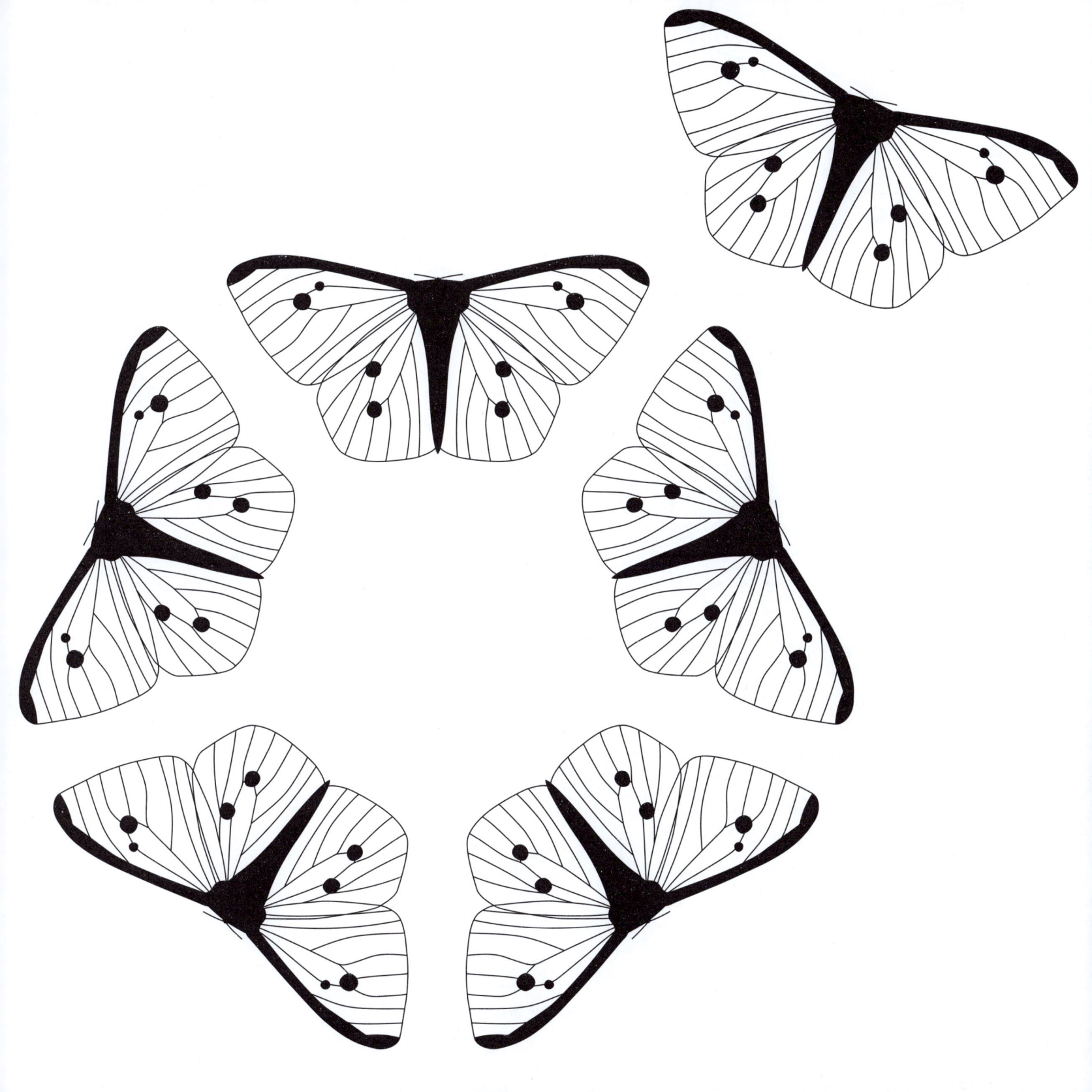

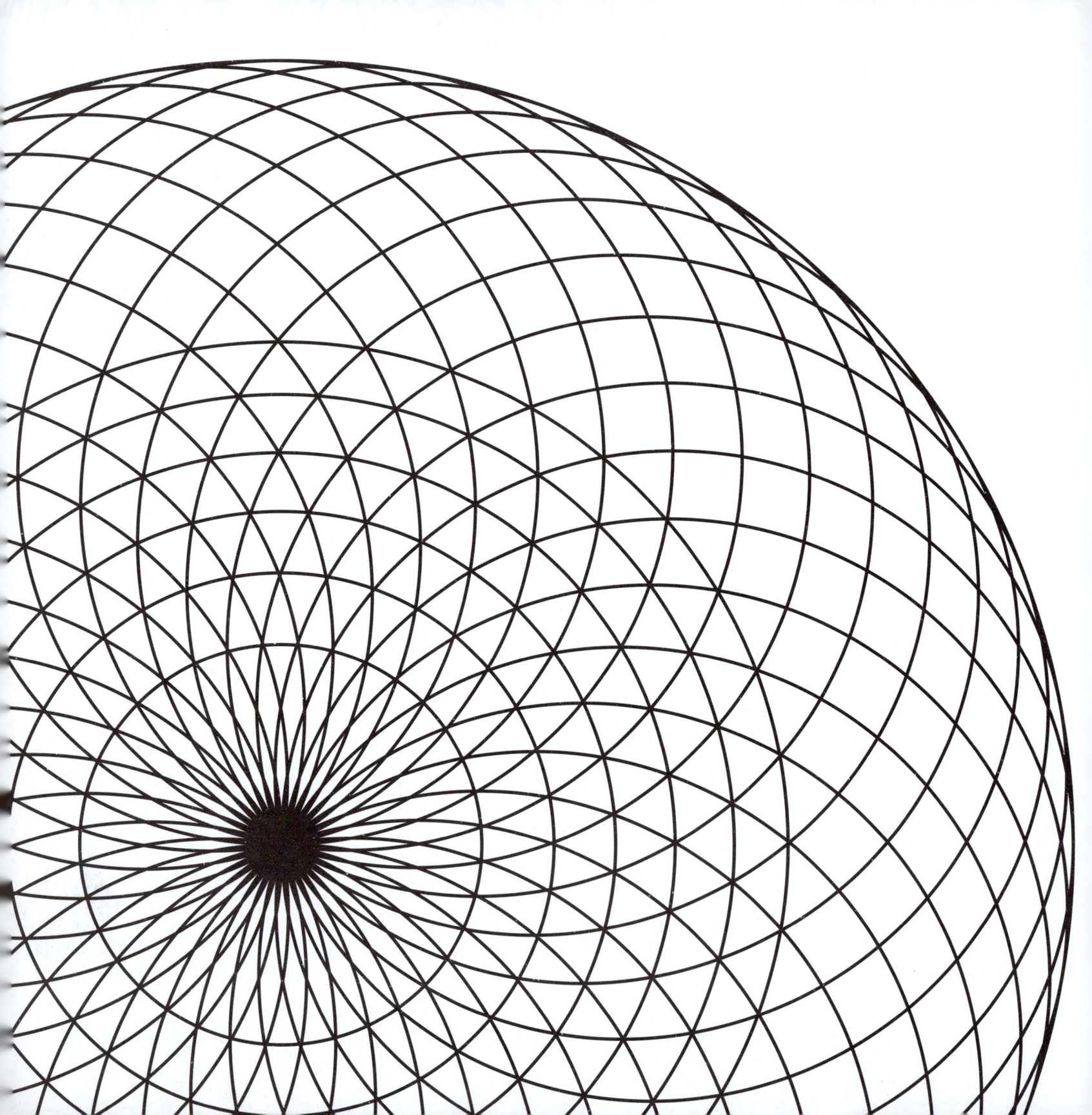

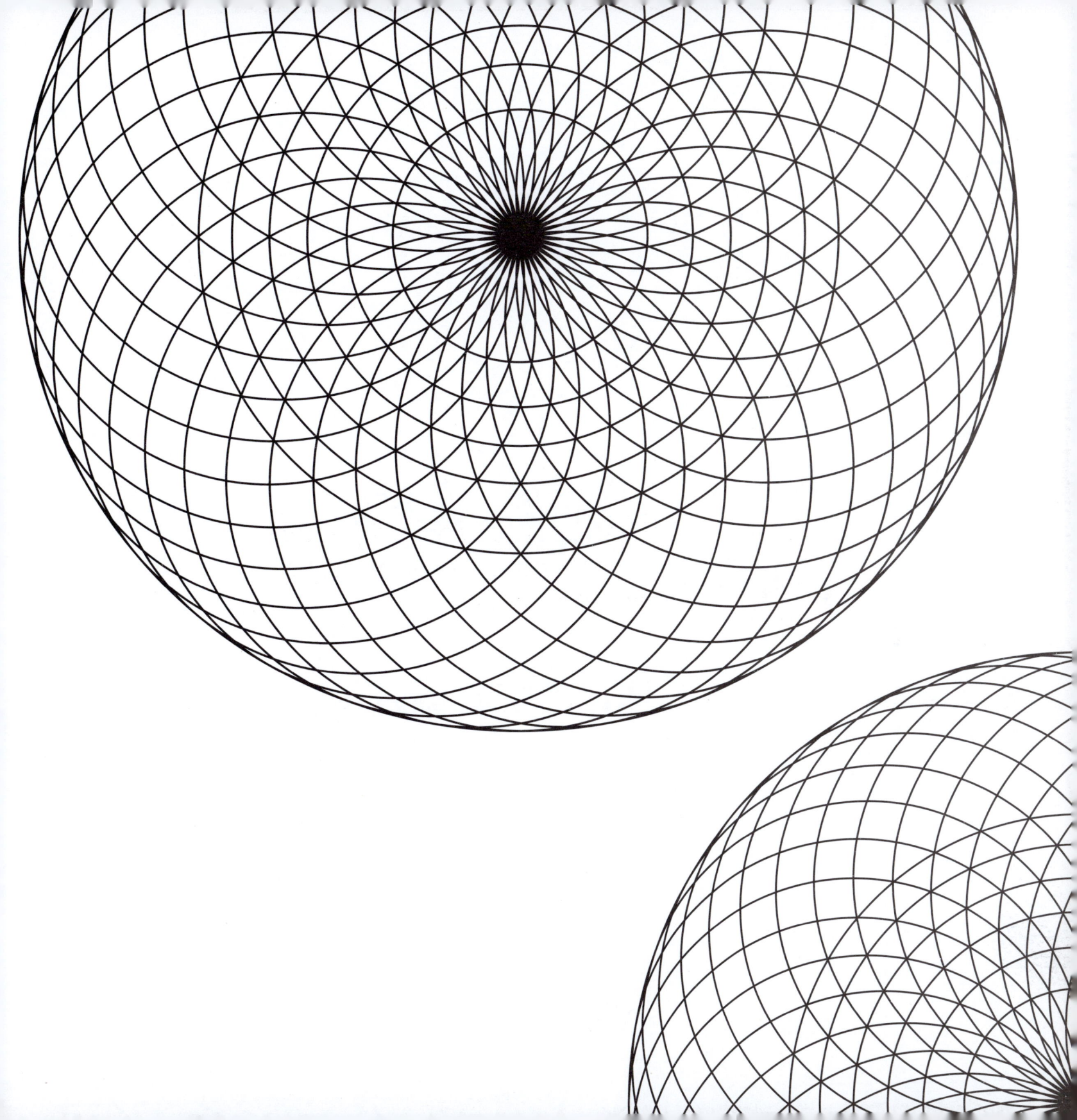

 Relájate, porque solo así podrás observar cómo todo lo positivo entra en tu vida.

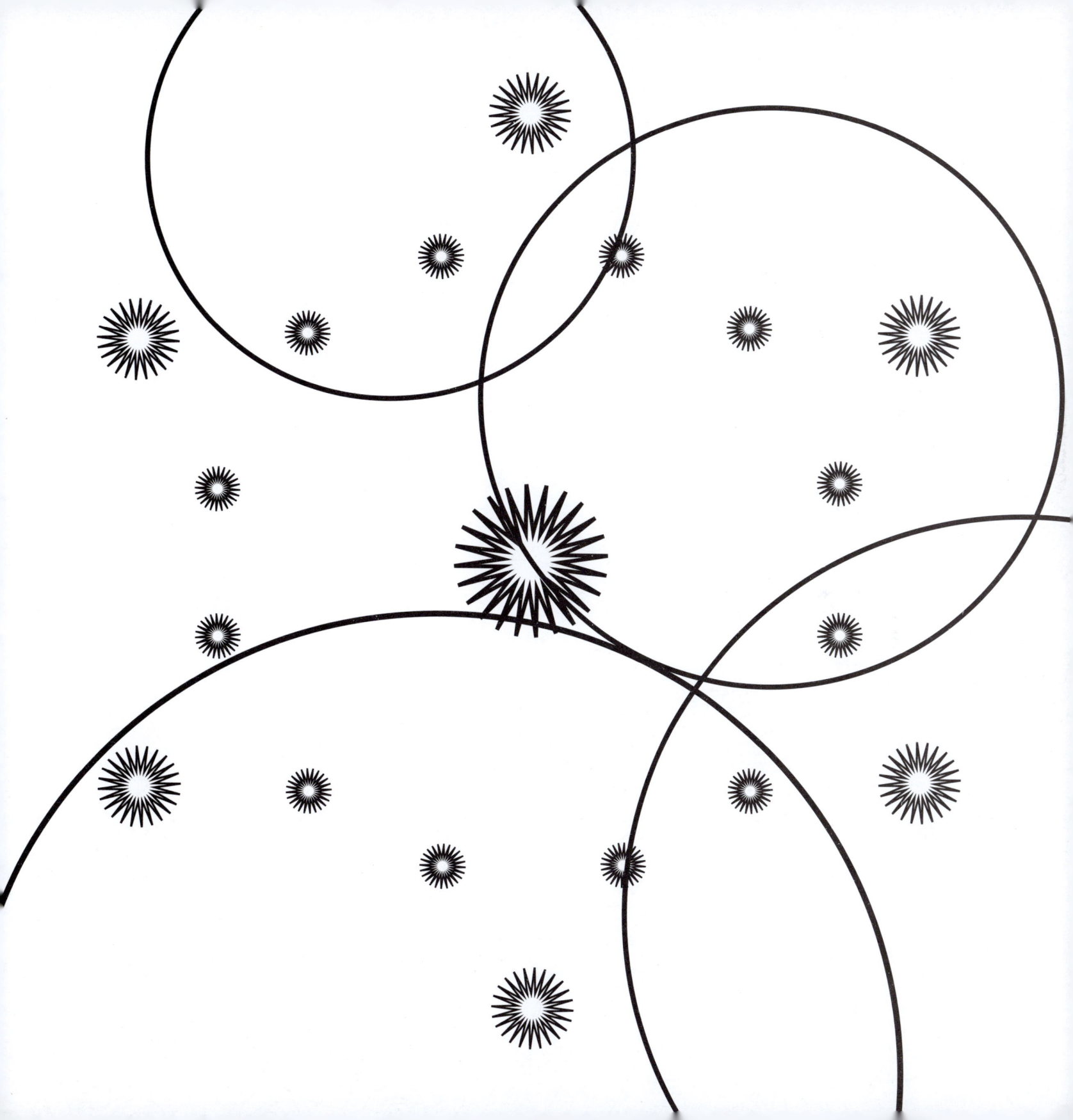

 Cultiva tu paz interior:
la felicidad solo se encuentra
en un corazón tranquilo.

 La paz no se consigue con
la ausencia de problemas,
sino con la presencia
de la serenidad
para solucionarlos.

Allí donde al agua alcanza
más profundidad es donde
se mantiene más en calma.

Baja el volumen a la vida: el alma suele encontrar el camino entre el silencio y la soledad.

Pon tu mente en calma y abre
tu corazón. Entonces descubrirás
que todo puede ser diferente.

Respira profundamente.
El Universo se encargará
del resto.